DU
THÉÂTRE
FRANÇOIS;
OU
OBSERVATIONS
SUR LA NOUVELLE SALLE.

Prix 12 sols.

A LONDRES;

& se trouve A PARIS,

Chez MORIN, au Palais Royal, & chez les
Libraires qui vendent les nouveautés.

M. DCC. LXXXII.

OBSERVATIONS

SUR LA

NOUVELLE SALLE

Du Théâtre François.

LA nouvelle Salle qu'on vient d'élever dans le fauxbourg S. Germain, sur l'emplacement de l'ancien hôtel de Condé, annonce un monument public destiné pour l'ornement de la capitale, & qui a 150 pieds de long sur 90 de largeur & environ 72 de hauteur. Elle présente un grand édifice quarré - long, isolé, & précédé d'un péristile décoré de huit colonnes d'ordre dorique surmontées d'une terrasse. Il regne dans tout le pourtour extérieur, & au rez - de - chaussée, une galerie couverte, fort bien entendue, & qui réunit la plus grande commodité à la décoration générale.

L'aspect de cet édifice a de la

grandeur ; les raiſons en ſont dans ſon iſolement , & parce qu'on l'ap-perçoit,du moins juſqu'à préſent (1), d'une très-grande diſtance ; choſes abſolument néceſſaires à tout édi-fice public , & que nous avons ce-pendant négligées juſqu'à ce jour ; ce qui donne à cette ville en plu-ſieurs endroits plutôt l'air du recep-taclé de quelques hordes barbares & ſans goût , que celui de la ca-pitale d'un grand peuple uni par ſes arts , ſon aménité & ſon génie , avec toutes les contrées ſavantes & polies.

Deux arcades ſous leſquelles paſ-ſent les deux rues collatérales de l'édifice , & qui ſervent de commu-nication aux deux bâtimens qui l'ac-compagnent , ſont très-utiles pour l'abord du ſpectacle en tems de pluie , & font même un très-bon effet pour l'enſemble ; mais il eût

____

(1) Il ne ſera pas plus viſible lorſque les bâtimens projettés ſur le terrein reſtant ſeront conſtruits , ſur-tout ſi on les élève autant que les deux pavillons collatéraux qui le joignent par une arcade.

été à defirer que ces deux bâtimens,
au lieu de dominer fur l'édifice,
fuffent moins élevés, ainfi que l'an-
nonçoit le plan qui en a été gravé.

Cependant on ne peut difconve-
nir que l'on chercheroit en vain,
dans la décoration extérieure de ce
bâtiment, les formes fimples & élé-
gantes que nous admirons dans les
beaux monumens de l'antiquité &
qui ne leur faifoient rien perdre de
leur nobleffe.

L'élévation des bâtimens collatéraux, la trop grande proximité
du fuperbe Palais du Luxembourg,
& la petiteffe de la place qui eft au-
devant, écrafent cet édifice, dont
les maffes d'ailleurs font lourdes
& fans graces; il en eft de même
des huit colonnes doriques du périftile, qui font en outre trop ref-
ferrées entre elles & le corps de
la Salle, de forte qu'on ne décou-
vre point les entrées du Spectacle.
Celle du milieu eft la feule qu'on
apperçoive; les deux autres font
en partie mafquées par la rencontre

des colonnes. L'attique régnant dans les quatre faces contribue encore à rendre le bâtiment plus lourd, parce que cet attique eſt trop haut pour l'étage qu'il couronne, ou ce dernier trop peu élevé ; enfin le comble (1) qui ſe trouve au - deſſus ajoute encore à la peſanteur, & enfin la galerie eſt trop baſſe.

On monte à la Salle par des degrés ſitués ſous le périſtile , qui ont trop peu de *giron*. Quatre de ces degrés placés à l'extérieur ſont beaucoup trop près des focles ; cinq qui reſtent pour arriver ſont engagés dans ces mêmes ſocles , & en occupent tout l'eſpace , d'où il réſulte un reſſerrement déſagréable à l'œil, & qui devient dangereux pour la ſortie du ſpeſtacle , ſur-tout pour la partie du public qu'on oblige de prendre ſes billets ſous le périſtile.

———————————————

(1) Nous obſerverons que la charpente du comble a paru généralement très-bien faire & légère ; elle eſt copiée d'après celle de la Salle *Argentine* , à Rome.

Du périftile , on entre dans un veftibule , dont les plattes - bandes font foutenues par des colonnes, & dont la forme eft très-agréable. Il renferme , pour monter aux loges , deux beaux efcaliers , qui paroiffent difficiles à monter , quoiqu'ils ne le foient pas trop en effet ; cela vient d'un défaut de pallier à mi-rampe , & de ce qu'il y a vingt-huit marches à monter fans repos, qui , comme celles du périftile, ont trop peu de *giron.*

Au haut de ces deux efcaliers fe préfente un très-beau veftibule décoré d'un double rang de colonnes , entre partie defquelles regne une baluftrade à hauteur d'appui ; il eft d'une belle ordonnance , & a vraiment un afpect magnifique , tant que les regards ne fe fixent fur aucun objet en particulier ; mais l'œil exercé ne tarde pas à reconnoître que la décoration en eft beaucoup trop difparate avec celle de la Salle, où regne un goût fimple & fans fafte. Au furplus, les ornemens de détail en font *anguftiés*, & déparent la beauté de ce lieu. Ils font petits, maigres & fans goût; les baluftres font d'un mauvais genre, les chapiteaux *hâtards*, & la fculpture, qui tient en plus grande partie du treillage, eft indigne de la belle architecture. A tout cela fe joint un refferrement qui confond les détails, & principalement ceux de la galerie fupérieure; des paffages étroits n'ayant pour la plupart que vingt-un pouces de largeur, bas & entourés de baluftres de même genre que les premiers; & une multitude de petites arcades qui déshonorent les beautés de ce veftibule.

Les corridors & les logemens des acteurs font, on ne peut pas mieux entendus, mais on chercheroit en vain un foyer pour le public; car nous rougirions d'accorder ce titre à un petit réduit, mal placé & mefquinement décoré, qui en tient lieu.

Mais c'eft affez nous arrêter au dehors de cet édifice; pénétrons enfin dans l'intérieur. La forme de la

Salle eſt circulaire , & eſt terminée
par une ſuperbe coupole, qui donne
à ce lieu l'aſpect le plus impoſant,
& en même temps le plus agréable. Ses proportions ſont celles de
la Rotonde, à Rome. La ſuppreſſion
de ce qu'on appelloit amphithéâtre,
eſt d'un bon goût , & la galerie con-
tinue qui le remplace, produit plus
d'un effet heureux. Celui d'abord de
tenir à la ſimplicité, laquelle jointe,
dans tout plan ou ſyſtême, à cer-
taine grandeur, eſt ce qui en impoſe
le plus, comme ce qui plaît dans tous
les temps. Enſuite le reculement où
elle renvoie les loges ſupérieures,
donne à l'œil plus d'eſpace à parcou-
rir , & ajoute à l'étendue réelle de
la ſalle. Cette galerie contraſte en
outre avec les ſecondes & troiſièmes
loges qui ſont entre-coupées ; & lors
d'un grand concours d'auditeurs, on
n'a pas le ridicule ſpectacle de pelo-
tons de gens caſés comme dans une
ménagerie , ou le coup-d'œil inſipide
de tous les ſpectateurs rangés ſur
trois lignes.

Les secondes loges sont d'une forme agréable ; les troisièmes un peu moins : celles-ci sont surmontées par des *lunettes* dans lesquelles on a pratiqué un quatrième rang de loges, & qui supportent la coupole. Le parquet est vaste, bien distribué, & l'on y est assis. Le théâtre est bien ouvert, & d'une belle proportion ; en général l'intérieur de cette Salle, qui est du plus simple & du plus bel effet, fait un honneur infini aux talens distingués des deux artistes qui l'ont conçue & exécutée.

Mais ce même amour de la vérité, & ce zèle pour la perfection des arts, qui nous ont déjà dicté quelques observations critiques sur la décoration extérieure, ne nous permettent pas de passer sous silence les défauts qui déparent celle de l'intérieur. Lorsqu'on se rend compte des impressions que cet édifice produit sur l'esprit, on est presque tenté de croire que les auteurs ont eu deux génies qui les inspiroit. Un bon génie qui leur traçoit l'ordonnance générale,

la galerie couverte du rez-de-chauf-
fée, la coupe du vestibule du premier
étage, les proportions de la coupole,
& la distribution des loges ; & un
autre mauvais génie qui présidoit à
la décoration & à l'exécution.

En effet, l'avant-scène est mal en-
tendu ; les quatre figures aîlées du
haut, portant des guirlandes aussi
lourdes qu'elles, font entiérement
de caprice, & ne ressemblent à rien
de ce qu'on connoît ; on voit qu'elles
ne font là que pour déguiser la rencontre de la plate-bande *circulaire* de
la Salle, & de la plate-bande *droite*
du théâtre ; mais cette invention est
au moins gothique. Le foutien que
ces figures apportent, ne peut fau-
ver le défagrément de voir tomber
trois archivoltes en *porte-à-faux*, fur
cette plate-bande, d'autant qu'il y
avoit d'autres moyens à employer.
N'est-il pas contre le bon goût d'a-
voir rempli les panneaux de la voûte,
qui font fort grands, d'enfans ter-
minés en rinceaux, qui, par leurs
proportions, feroient de petits monf-

tres , quand ils n'auroient pas une infinité d'autres raisons pour le paroître ?

Nous ne pensons pas qu'on puisse pardonner à des artistes françois , ni leur choix bisarre , ni leurs répétitions éternelles , ni l'emploi d'êtres imaginaires , comme si notre pays, nos mœurs , nos goûts & tous nos arts, n'avoient rien dont on pût instruire la postérité , en en perpétuant la mémoire dans les monumens publics.

N'est-il pas ridicule de voir cette superbe & immense coupole soutenue par une douzaine de pilastres distans l'un de l'autre de plus de dix fois leur diamètre , qui du milieu du parquet ne paroissent pas avoir plus de dix-huit pouces, & qui, par leur division en panneaux , ressemblent à des ornemens plats & mesquins de menuiserie , & coupent d'ailleurs les loges d'une manière désagréable ? L'œil est effrayé de voir une masse aussi considérable supportée par quelques perches.

Toute la Salle eſt peinte en blanc
très-vif, & le fond des loges eſt tendu
en bleu-foncé. Cette couleur à la lu-
mière paroît noire ; de ſorte qu'il en
réſulte un effet tranchant & diſcor-
dant qui fatigue, déplaît à l'œil, &
éloigne tellement les perſonnes qui
ſont dans les loges, qu'on ne les voit
pas ; ce qui n'eſt pas un petit incon-
vénient dans un pays où les fem-
mes, ainſi que cette eſpèce d'hommes qui leur reſſemblent (& font
la plus grande partie des ſpectateurs), vont moins au ſpectacle pour
en jouir, que pour y être vus. On
conçoit que les auteurs ont eu l'in-
tention louable de ne point nous
offrir l'aſpect faſtueuſement ridicule
d'une Salle dorée, qui ne tarde pas à
noircir & devenir d'un effet déteſ-
table, mais il falloit conſulter un
peu mieux les loix de la perſpective
& de l'optique.

Nous avons peine à imaginer com-
ment les auteurs pourront excuſer
l'idée incohérente & diſparate, qui
leur a fait peindre les douze ſignes du

zodiaque (1) fur la partie fupérieure des lunettes, dans autant de petits ronds qui ne reſſemblent pas mal à des trous par leſquels on les apperçoit.

Dans ce temple confacré aux arts, tout devroit rappeller à mon efprit l'idée des grands hommes qui en font la gloire. Le génie de Corneille, de Racine, de Molière, de Crébillon & de Voltaire, devroient m'environner de toute part; leurs travaux immortels, leur fublime enthoufiafme, les titres de leur gloire, devroient de tous côtés captiver mes regards & enflammer mon cœur. Au lieu de cela, on étale à mes yeux une groſſière balance, deux poiſſons, un bœuf ignoble & lourd planant

---

(1) On prétend que le projet étoit de faire enforte qu'un grand reverbère, placé au centre de la coupole, fervît en même tems à éclairer la Salle, & à repréſenter le foleil. Eft-ce donc, de bonne-foi, qu'un pareil projet a été conçu? Repréſenter le char pompeux de l'aftre du jour, par les reflets tremblottans & mats d'une douzaine de chandelles fur une plaque de fer-blanc! Quelle illufion! la noble & grande idée!

dans les airs, un capricorne, un scorpion, &c. Décorateurs froids & sans verve, n'avez-vous donc jamais partagé les pleurs touchans de Chimène, de Monime & de Zaire ? N'avez-vous donc jamais senti le trouble intéressant & passionné de Clytemnestre, d'Hermione, de Phèdre, de Roxane, de Mérope & d'Alzire ? N'avez-vous donc jamais frémi d'horreur à l'aspect de Médée, de Néron, & senti votre cœur s'épanouir en écoutant Alvarès & Burrhus ? Gardez vos pinceaux inanimés pour charger d'ornemens les lambris dorés du stupide opulent; exposez à ses regards, si vous le voulez, cette balance, qui devroit lui rappeller le poids de ses forfaits & de son injustice ; ce capricorne, digne emblême de la turpitude & du déshonneur dont une épouse coupable couvre son front ; mais gardez-vous de ternir de vos couleurs le sanctuaire du génie !

Il résulte de tout ce que nous venons de dire, qu'on ne sauroit trop louer MM. de Wailly & Peyre, à qui nous sommes redevables de ce monument, pour l'ordonnance générale

& l'enfemble. Très - certainement,
malgré tous fes défauts, cette Salle
de fpectacle eft la plus belle que nous
connoiffions. Peut-être les auteurs
font-ils répréhenfibles d'avoir né-
gligé les détails, ou de les avoir aban-
donnés à des *fous-ordres*, qui, par leur
manque de goût & de génie, les ex-
pofent aux juftes reproches qu'on a
droit de leur faire. Sans doute ils
devoient mieux choifir les artiftes
deftinés à décorer cette falle. Nous
en excepterons M. Caffieri, de qui
font les quatre figures aîlées foute-
nant la partie fupérieure de l'avant-
fcène. Il eft vrai que ne confultant
que les caprices de fon imagination,
il ne leur a donné aucun caractère,
aucune proportion connue ; enfin
rien de ce qui pourroit nous aider
à reconnoître ce qu'elles font, &
pourquoi elles font-là ; mais on y
remarque un beau *faire*, des formes
larges & impofantes, malgré l'atti-
tude ridicule & gênée que leur donne
l'action de foutenir de côté u   r-
lande lourde & fans go^

F I N.